Extraña Televisión: Una colección de transmisiones interrumpidas, apariciones paranormales, y otros misterios en la TV

Por Charles River Editors

Traducido por Areaní Moros

The Radio Corporation of America Tells

What TELEVISION will mean to you!

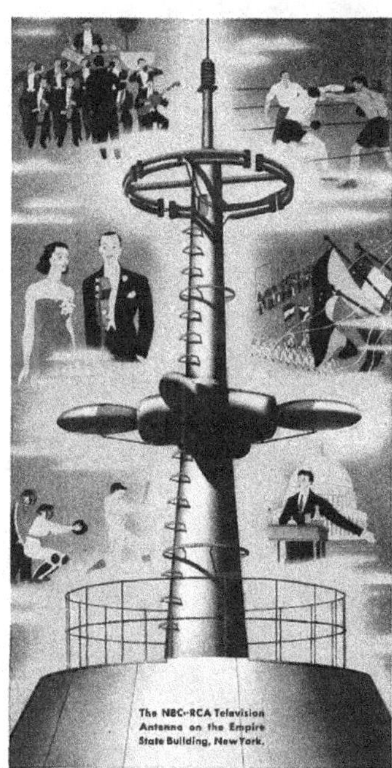

On April 30th RCA television was introduced in the New York metropolitan area. Television programs, broadcast from the lofty NBC mast at the top of the Empire State Building, cover an area approximately fifty miles in all directions from that building. Programs from NBC television studios are sent out initially for an hour at a time, twice a week. In addition, there will be pick-ups of news events, sporting events, interviews with visiting celebrities and other programs of wide interest.

How Television will be received!

To provide for the reception of television programs, RCA Laboratories have developed several receiving sets which are now ready for sale. These instruments, built by RCA Victor, include three models for reception of television pictures and sound, as well as regular radio programs. There is also an attachment for present radio sets. This latter provides for seeing television pictures, while the sound is heard through the radio itself. The pictures seen on these various models will differ only in size.

Television—A new opportunity for dealers and service men

RCA believes that as television grows it will offer dealers and service men an ever expanding opportunity for profits. Those, who are in a position to cash in on its present development, will find that television goes hand in hand with the radio business of today.

In Radio and Television—It's RCA All the Way

Sobre el autor

Sean McLachlan trabajó durante muchos años como arqueólogo en Europa, el Medio Oriente y los Estados Unidos. Ahora un escritor a tiempo completo, es autor de numerosos libros de historia y novelas, que incluyen *A Fine Likeness*, una novela ambientada en la Guerra Civil, con un toque paranormal. No dudes en visitar su Página de Amazon y blog.

Sobre la traductora

Areaní Moros es egresada de la Universidad de Los Andes en Mérida, Venezuela, con una Licenciatura en Historia. Combinando dos de sus pasiones, la Lic. Moros ha enfocado su carrera en la traducción, especialmente de material de corte histórico.

Introducción

Extraña Televisión

Durante más de dos generaciones, la televisión ha sido parte de la vida de la mayoría de las personas, y pocos podrían recordar algún tiempo en el que no haya estado ahí como una fuente familiar y confiable de información y entretenimiento. Hoy en día, los espectadores están acostumbrados a las transmisiones que se ejecutan a la perfección, con comerciales intercalados entre los diversos programas. Podría ocurrir alguna falla ocasional, aquí o allá, incluidos los apagones temporales debidos a tormentas, pero en su mayor parte, la televisión funciona increíblemente bien.

Por supuesto, ese no fue siempre el caso. En algunas ocasiones, bromistas o activistas políticos han hackeado señales satelitales, manifestantes han tomado estudios mientras se encontraban al aire, y se han visto intrigantes eventos paranormales con pocas buenas explicaciones. De hecho, la TV siempre ha sido un lugar de misterio, un campo de batalla para ideologías en competencia, y una fuente de voces anónimas. Las transmisiones televisivas se han usado para apoyar esfuerzos de guerras, derrocar gobiernos, comunicaciones secretas, e incluso para intentar comunicarse con los muertos.

Extraña televisión: Una colección de transmisiones interrumpidas, apariciones paranormales y otros misterios en la TV incluye extrañas historias que harán que este conocido medio parezca un poco menos familiar, y mucho más interesante. En conjunto con fotografías de personas, lugares y eventos importantes, aprenderá como nunca antes sobre las historias más extrañas de la televisión del mundo.

Extraña Televisión: Una colección de transmisiones interrumpidas, apariciones paranormales, y otros misterios en la TV

Sobre Charles River Editors

Sobre el autor

Sobre la traductora

Introducción

Intrusiones en la señal de transmisión

Engaños espantosos

Invadiendo el estudio

La TV y la guerra

Televisión paranormal

Recursos en línea

Lecturas recomendadas

Free Books by Charles River Editors

Discounted Books by Charles River Editors

Intrusiones en la señal de transmisión

Los espectadores están acostumbrados a que la televisión funcione dentro de un guion estrechamente controlado. El programa comienza, y si bien puede ser interrumpido ocasionalmente por comerciales, casi siempre regresa sin problemas. Sin embargo, de vez en cuando, algún bromista consigue tomar temporalmente el control de una estación para emitir su propia programación, y en la jerga de la ingeniería de televisión esto se llama una "intrusión de señal de transmisión".

En Inglaterra, en 1977, alguien hackeó la transmisión del noticiero nocturno de la *Southern Television*. No hubo un cambio en la imagen –el programa continuó como antes– pero el audio fue anulado por una voz espeluznante y resonante que proclamó lo siguiente:

> Esta es la voz de Vrillon, representante del Comando Galáctico Ashtar, que les habla. Por muchos años nos han visto como luces en el cielo. Les hablamos ahora en paz y sabiduría como hemos hecho con sus hermanos y hermanas en todo este, su planeta Tierra. Venimos a advertirles del destino de su raza y su mundo, para que puedan comunicar a sus semejantes el curso que deben seguir para evitar el desastre que amenaza su mundo, y a los seres en nuestros mundos a su alrededor. Esto es para que ustedes puedan compartir el gran despertar, cuando el planeta pase a la Nueva Era de Acuario. La Nueva Era puede ser un tiempo de paz y gran evolución para su raza, pero solo si sus gobernantes se hacen conscientes de las fuerzas malignas que pueden nublar sus juicios. Quédense quietos ahora y escuchen, pues podrían no tener otra oportunidad.

> Todas sus armas del mal deben ser eliminadas. El tiempo para conflictos ha pasado y la raza de la que son parte puede proceder a las etapas superiores de su evolución si ustedes se muestran merecedores de hacerlo. Solo tienen poco tiempo para aprender a vivir juntos en paz y buena voluntad. Pequeños grupos están aprendiendo esto en todo el planeta, y existen para transmitirles a todos ustedes la luz de la Nueva Era que está amaneciendo. Son libres de aceptar o rechazar sus enseñanzas, pero solo aquellos que aprendan a vivir en paz pasarán a los planos superiores de la evolución espiritual.

> Escuchen ahora la voz de Vrillon, representante del Comando Galáctico Ashtar, que les habla. Sepan también que hay muchos falsos profetas y guías actualmente operando en su mundo. Ellos absorberán su energía –la energía que ustedes llaman dinero– y la aplicarán a usos malignos y a cambio les darán basura sin valor. Sus seres divinos internos les protegerán de eso. Deben aprender a ser sensibles a la voz interna que puede decirles qué es verdad, y qué es confusión, caos y falsedad. Aprendan a escuchar a la voz de la verdad que se encuentra dentro de ustedes, y se llevarán a sí mismos al camino de la evolución. Este es

nuestro mensaje para nuestros queridos amigos. Los hemos visto crecer durante muchos años, como ustedes también han visto nuestras luces en sus cielos. Ahora saben que estamos aquí, y que hay más seres en y alrededor de la Tierra de los que sus científicos admiten. Estamos muy preocupados por ustedes y su camino hacia la luz, y haremos todo lo que podamos para ayudarlos. No teman, busquen solo conocerse ustedes mismos, y vivan en armonía con las formas de su planeta Tierra. Nosotros, del Comando Galáctico Ashtar, les agradecemos por su atención. Ahora estamos dejando los planos de su existencia. Que sean bendecidos por el amor y verdad supremos del cosmos.

Nadie se atribuyó nunca la responsabilidad del engaño, pero *Southern Television* afirmó que la persona responsable había usado un transmisor UHF para interrumpir la señal entre los transmisores de televisión UHF de Hannington, que retransmitían una señal UHF recibida del transmisor Rowridge de la Autoridad de Radiodifusión Independiente en la Isla de Wight. Por lo general, las comunicaciones se realizaban con una línea fija, pero tener una señal UHF direccional hacía muy fácil para alguien con un poco de conocimientos técnicos interrumpir la transmisión.

Mientras que la mayoría de la gente se rio con el truco, algunos ufólogos insistían en que pudo haber sido real, y que todo el mundo debería escuchar a los extraterrestres y adecuar sus actos. Ciertamente, la transmisión encajaba con una tendencia en folklore de ovnis que se remonta a los primeros días de la locura de los ovnis (UFO) a finales de la década de 1940 y principios de los años 50. Muchos de los primeros "contactados", aquellos que afirmaban haber conocido a extraterrestres e incluso haber dado paseos en platillos voladores, dijeron que los alienígenas temían el que los humanos hubieran desarrollado armas nucleares, y que toda la raza podría destruirse a sí misma. Estos contactados transmitieron mensajes de extraterrestres que decían cosas similares al mensaje de Vrillon. El comienzo de la manía de los ovnis coincidió con el inicio de la Guerra Fría y la proliferación nuclear global, y los contactados aprovechaban la inquietud del público. La década de 1970 fue también una época de grandes problemas sociales, con una creciente consciencia de nuestro efecto sobre el medio ambiente, convulsiones sociales, y de fondo el constante temor a la guerra nuclear.

Otro mensaje de lo alto llegó al Canal Playboy en 1987. Durante la transmisión de una película de porno suave, *Tres Hijas*, la pantalla quedó en negro y la imagen fue reemplazada con las siguientes palabras: "Así dice el Señor vuestro Dios. Recordad el sábado y santificadlo. Arrepentíos pues el reino de los cielos está a la mano". Los espectadores esperaban algo de piel desnuda y en su lugar obtuvieron Éxodo 20:8 y Mateo 4:17.

El canal American Exxxtacy sufrió una interferencia similar ese mismo día, y ambas transmisiones fueron grabadas en cinta de VHS y examinadas por agentes federales. La del canal estadounidense Exxxtacy era de mala calidad y arrojó pocas pistas, pero la grabación de la intrusión de la señal de transmisión del canal Playboy dejó algunos signos reveladores, como el tipo de transmisor y el generador de caracteres utilizado. Encontraron que la Cadena de Radiodifusión Cristiana tenía estos dos dispositivos, y acusaron de interferencia satelital a Thomas Haynie, un ingeniero de comunicación satelital (*uplink*) de la CBN que estaba de guardia esa noche.

En el juicio, Haynie declaró que era inocente y que la evidencia era circunstancial. El jurado estuvo en desacuerdo al principio pero finalmente encontró culpable a Haynie, y fue sentenciado a tres años de libertad condicional, una multa de $1.000, y 150 horas de servicio comunitario. Fue declarado culpable solo de la interferencia al Canal Playboy, ya que la grabación del otro canal porno era de muy mala calidad para vincularse a él.

Una de las intrusiones en señal de emisión más famosas fue en 1987, cuando el noticiero estelar del canal 9 de la WGN de Chicago fue interrumpido. La pantalla se oscureció durante quince segundos, y cuando regresó la imagen, no eran las noticias deportivas que habían estado viendo la audiencia momentos antes. En su lugar, alguien llevaba puesta una máscara de Max Headroom y gafas de sol. Max Headroom era el personaje principal de un programa de ciencia ficción popular en ese momento, una inteligencia artificial que hacía bromas y tartamudeaba cada vez que su imagen parpadeaba en la pantalla como si experimentara un *lag* (retraso). La persona en el video imitó al personaje, balanceándose de un lado a otro. En el fondo, alguien agitaba una pieza de metal corrugado en imitación de los diseños generados por computadora que pulsaban y cambiaban detrás del personaje de televisión. El imitador de Max Headroom no dijo nada, pero había un sonido extraño, oscilante, y un zumbido bajo en el fondo.

La imagen solo duró nueve segundos antes de que los ingenieros cambiaran a una frecuencia de enlace diferente en el transmisor para evitar la interferencia, y a partir de ahí, la imagen volvió al comentarista deportivo que había estado describiendo la victoria de los Osos de Chicago. El periodista bromeó: "Bueno, si se están preguntando qué está pasando, yo también".

La transmisión continuó sin problemas después de eso, pero más tarde esa noche, sucedió lo mismo en otra estación de Chicago, esta vez la WTTW. La filial local de PBS estaba transmitiendo un episodio de *Dr. Who* cuando Max Headroom regresó. Se trataba presuntamente de los mismos individuos, pues la persona enmascarada y el fondo parecían idénticos. La figura se balanceaba igual que antes, diciendo con un audio crepitante y distorsionado: "Ya está. ¡Es un condenado nerd! Sí, creo que soy mejor que Chuck Swirsky [el comentador Deportivo de WGN]. Condenado liberal". Max Headroom continuó divagando, haciendo referencia a una vieja caricatura llamada *Clutch Cargo*, burlándose del patrocinio de Coca Cola de Max Headroom, y haciendo gestos obscenos con sus manos a la cámara, diciendo con orgullo: "Yo me robé CBS". La *pièce de résistance* llegó cuando dejó caer sus pantalones y fue nalgueado por alguien que estaba parcialmente fuera de cámara y vestía un disfraz de sirvienta francesa. Esta transmisión duró unos noventa segundos, y muchos fans de *Dr. Who* grabaron el episodio y captaron el incidente en video. Ha estado circulando desde entonces.

A diferencia de la WGN, los ingenieros de la WTTW no pudieron detener la transmisión pirata. Su transmisor estaba en la cima de la Torre Sears, y no había nadie de guardia en el momento, por lo que las travesuras de Max Headroom continuaron ininterrumpidas. Los perpetradores nunca fueron capturados.

Una intrusión en señal de emisión de tipo más serio ocurrió en Polonia en 1985, cuando el país se encontraba aún bajo el dominio comunista, pero había una creciente desafección generalizada con el estatus quo y algunas organizaciones habían desafiado abiertamente al gobierno. El más influyente de estos grupos fue Solidaridad, un sindicato creado en 1980 por trabajadores de astilleros polacos en el norte del país. Fue el primer sindicato no controlado por el Partido Comunista, y en cuestión de un año había alcanzado una membresía de 10 millones.

Cuatro astrónomos de la Universidad de Torún decidieron usar sus conocimientos tecnológicos para apoyar al movimiento. Decidieron no tomar las ondas radiales, sino sincronizar su transmisión a la de las noticias estatales, una dieta nocturna de propaganda que muchos polacos llamaban "la hora de comedia de la noche". Así, establecieron una estación de transmisión en el apartamento de uno de los astrónomos usando una computadora doméstica bastante primitiva, una fuente de poder, un circuito de sincronización y un transmisor casero. Dos veces lograron sincronizarse con la transmisión estatal y superponer mensajes pro-Solidaridad sobre las imágenes. De esta forma, mientras el presentador de noticias relataba monótonamente los grandes logros del Partido Comunista, en varios mensajes se leía lo contrario, mostrados junto al logotipo de Solidaridad. Uno decía: "Suficientes aumentos de precios, mentiras y represiones. Solidaridad Torún". Otro declaraba: "Es nuestro deber boicotear la elección".

Este último mensaje se refería a las elecciones parlamentarias en curso en ese momento. Muchos países comunistas celebraron elecciones, pero había un espectro muy reducido de candidatos a los que se les permitía postularse, y para inducir a la gente a participar en esta farsa, se tomaba nota de los nombres de quienes votaban y quienes no. Aquellos que se rehusaban a votar descubrían luego que no podían obtener permisos de viaje o establecer un negocio. Los ciudadanos de países comunistas habían aprendido a temer que su nombre figurara en alguna lista, lo que aseguraba que muchos votaran aun cuando sabían que las elecciones eran fraudulentas.

Solidaridad TV, como los cuatro astrónomos llamaron su proyecto, fue parte de una campaña de boicot mucho más amplia, promovida mediante folletos, grafiti y discursos por parte de los líderes de Solidaridad.

La policía rastreó la señal y arrestó a los hombres, que fueron enjuiciados y encontrados culpables. Al final, el juez solo les dio una multa moderada, citando sus contribuciones a la ciencia, pero los cuatro sufrieron reacciones violentas en el trabajo, perdieron acceso a fondos de investigación y fueron degradados a cargos inferiores. La mayoría de estos castigos fueron medidas temporales, y cuando seis meses después de su juicio se aprobó una amnistía general para los delincuentes políticos, se borraron los expedientes de los científicos. El gobierno comunista polaco, junto con todos los demás gobiernos comunistas de Europa del Este, finalmente cayó al terminar la Guerra Fría, unos años más tarde.

Mientras los astrónomos estaban luchando por la libertad de Polonia, un ingeniero de televisión por cable luchaba por tarifas más baratas en los Estados Unidos. Puede que esta fuera una causa menos digna, pero las acciones del ingeniero igualmente causaron un gran revuelo. El 27 de abril de 1986, la compañía de TV por satélite HBO, vio interrumpida la señal satelital de su centro de operaciones en Long Island, por una pantalla de prueba de barra de color y un mensaje enojado que decía:

BUENAS NOCHES HBO

DEL CAPITÁN MEDIANOCHE

¿$12.95/MES?

¡DE NINGUNA MANERA!

[SHOWTIME/MOVIE CHANNEL, ¡CUIDADO!]

La intrusión duró casi cinco minutos y fue vista por toda la mitad oriental del país, que comprendía un estimado de 14.6 millones de subscriptores.

Las fuerzas del orden pronto arrestaron a John R. MacDougall, de Ocala, Florida, luego de recibir una denuncia anónima de alguien que dijo haber escuchado a MacDougall alardear de lo que había hecho. Uno pensaría que las personas que cometen actos ilegales ya habrían aprendido a no hablar de ellos en público, pero en cualquier caso, la FCC investigó y descubrió que MacDougall era un operador de control maestro en Teleport Central Florida (una estación terrestre utilizada en comunicaciones satelitales). Había estado solo en el edificio en el momento del incidente, y se encontró una grabación de video del mensaje en el sitio.

Ser un operador de control maestro era un trabajo secundario para MacDougall, cuyo negocio principal era vender equipos de TV satelital. Su negocio estaba en declive, y culpaba a las altas tarifas de HBO y otras compañías, y la codificación de sus señales como la razón. Hasta principios de ese año, HBO y otras compañías satelitales habían enviado sus señales sin codificar, y cualquiera que compraba una antena parabólica podía sintonizarlas, por lo que que las estaciones querían asegurarse de que solo las personas que pagaban una subscripción pudieron obtener sus señales, y en consecuencia comenzaron a codificar sus transmisiones. Cuando la codificación entró en vigor, las ventas de antenas parabólicas se desplomaron.

MacDougall se declaró culpable y recibió un año de libertad condicional y una multa de $5.000. En respuesta al caso, que recibió amplia publicidad, el gobierno criminalizó la interrupción de señal satelital. MacDougall se quejó después de su juicio: "He estado viendo cómo el gran sueño americano se me escapa entre los dedos".

Durante y después del juicio, MacDougall fue sometido a un gran escrutinio mediático. Se sintió herido de que HBO y algunos periódicos se refirieran a él como un "terrorista doméstico", y cerró su negocio porque los clientes seguían molestándolo por el incidente del Capitán Medianoche. Luego insistiría: "No me arrepiento de haber intentado hacer llegar el mensaje a la 'América corporativa' acerca de los precios injustos y la prácticas comerciales restrictivas. Ese fue el ímpetu para hacer lo que hice; esa es la razón por la que bloqueé HBO; esa es la razón por la que les envíe un mensaje cortés. De lo que sí me arrepiento es de que era joven y bastante ingenuo en cuanto a los medios de comunicación. No comprendía el hecho de que nadie entendía mis motivos y de que todo el mundo haría suposiciones. De haber sabido eso con antelación habría sido mucho más ferviente al explicar mis motivaciones. No tenía animosidad, y no tenía malicia en mi corazón".

Engaños espantosos

Algunos bromistas han llevado a cabo sus interrupciones de transmisiones televisivas a un nuevo nivel, e intentan convencer a los televidentes de que están viendo un programa real. Uno de esos casos sucedió en la Unión Soviética en 1966, en la ciudad de Kaluga, cuando un programa regular fue interrumpido súbitamente por lo que parecía ser un anuncio oficial. No era poco común que esto ocurriera en la televisión soviética, pero este anuncio fue uno que nadie había visto antes, pues declaraba que acababa de estallar una guerra nuclear con los Estados Unidos.

La gente de Kaluga, comprensiblemente, entró en pánico. La aniquilación nuclear era un temor muy real en ambos lados de la Cortina de Hierro en ese entonces, y los ciudadanos soviéticos, acostumbrados a medios de comunicación estrechamente controlados, no tenían razón para pensar que esto no fuera cierto. Las autoridades emitieron rápidamente una declaración afirmando que se trataba de una broma, e intentaron calmar a todo el mundo, pero eso tomó algo de tiempo. De hecho, fue solo después de que no apareciera ningún misil en el cielo que la gente de Kaluga pudo finalmente regresar a la normalidad.

Una declaración posterior por parte del gobierno dijo que un adolescente había sido sorprendido llevando a cabo la broma, pero no todo el mundo lo creyó. Algunos se preguntaron si la transmisión había sido una especie de experimento social para ver cómo reaccionaría el pueblo soviético en caso de una grave emergencia, mientras que otros susurraron que podría haber sido obra de elementos radicales en el gobierno que querían comenzar una guerra con Occidente. Sea como fuere, el incidente nunca se repitió, y nunca hubo una "guerra caliente" entre los dos bandos durante la Guerra Fría.

Un incidente similar ocurrió en la televisión checa en 2007, durante un popular programa llamado *Panorama* en ČT2, un canal de televisión pública. El programa presentaba imágenes en vivo de hermosos lugares en la República Checa, un programa relajante para resaltar los mejores lugares de la pequeña nación para turistas y viajeros domésticos, pero un día, el programa fue todo menos relajante. Se estaban mostrando imágenes de hermosos parajes alrededor de las Montañas de los Gigantes (Krkonoše) al norte del país, cuando de pronto hubo un brillante destello, seguido por la creciente nube de hongo de una detonación nuclear.

La gente entró en pánico como lo hicieran tras el incidente en la Unión Soviética, e incluso algunos funcionarios del gobierno fueron engañados al principio, pero rápidamente se dieron cuenta de que las montañas no habían sido convertidas en una pila humeante de escombros radiactivos. Resultó que todo el asunto había sido un truco perpetrado por un colectivo de artistas llamado Ztohoven. Los artistas habían trepado a una torre de televisión y habían conectado un cable y hackeado la transmisión con una computadora para presentar algunas de sus propias imágenes.

El colectivo fue llevado a juicio por alarmismo, un delito serio que podría haberles significado tres años de prisión. No obstante, los artistas pudieron reír de últimos cuando el juez desestimó el caso diciendo que la mayoría de la gente no había sido engañada, y que él estaba de acuerdo con la explicación del colectivo de que estaban haciendo una pieza de arte para demostrar cuán fácilmente manipulables eran los medios de comunicación. El grupo dijo en una declaración: "No somos una organización terrorista ni un grupo político. Nuestro objetivo no es intimidar a la sociedad o manipularla, que es algo que presenciamos diariamente, tanto en el mundo real como en aquel creado por los medios. El 17 de junio de 2007, [nosotros] atacamos el espacio de la transmisión de televisión, distorsionándola, cuestionando su veracidad y credibilidad".

Ztohoven volvería a ser noticia más tarde con un tipo de hackeo televisivo diferente y mucho más dramático. En 2012, durante la 40ª Reunión de la Cámara de Diputados del Parlamento de la República Checa, los artistas enviaron mensajes de texto a los diputados y periodistas presentes. Habían encontrado una manera de enviarlos con la identificación de otros miembros del Parlamento, y le enviaron uno incluso al presidente.

Los mensajes comenzaban con la proclamación principal: "Nosotros, representantes del pueblo legalmente elegidos y miembros del Parlamento de la República Checa, admitimos colectivamente (…) que nuestra actitud y enfoque pasados han llevado a nuestra sociedad al borde de un abismo. Hemos causado una pérdida de confianza común en los pilares fundamentales del sistema democrático. Nuestra mutilación de la verdad en pos de nuestros propios intereses ha desplazado a los valores morales de nuestra toma de decisiones. Ya no hay lugar para nuestra falta de voluntad y disposición para establecer límites a nosotros mismos [sic], para nuestra renuencia a hacer que la gestión política sea transparente y a aceptar nuestra responsabilidad, política y humana, de nuestros propios errores. Por lo tanto, hemos decidido iniciar la Reforma Moral en todo el espectro político. Aquí estamos. Arrodillados ante ustedes, nuestro pueblo que nos eligió, pidiendo Su perdón. Pidiendo una oportunidad más para recuperar su confianza".

A esto le siguieron más de 550 mensajes de texto falsos enviados entre diversas personas en la sala, como si los miembros del Parlamento estuvieran consultándose entre sí sobre esta gran crisis moral de la clase dominante. Un mensaje, diseñado para parecer que venía de Kateřina Klasnová, miembro del Parlamento, a un compañero parlamentario, decía: "A veces, mi consciencia me alcanza. Entonces comienzo a preguntarme: ¿Es esta la única manera? ¿Acaso hemos olvidado el significado de palabras como decencia, respeto y verdad, debido a toda la agresión?".

Pavel Kováčik, miembro del Partido Comunista de Bohemis y Moravia, "envió" un mensaje a otro miembro del Parlamento de su mismo partido, diciendo: "El partido está bajo fuerte presión. Tenemos que dejar de mentir y abusar de la gente. La situación es insoportable; tenemos que comenzar de una nueva forma, realmente trabajando para el pueblo". Otro, supuestamente de Zbyněk Stanjura, un miembro del Partido Cívico Democrático (ODS), fue enviado a varios periodistas y decía: "Esperen una declaración del líder del partido ODS –Petr Necas– acerca de la Reforma Moral planificada, hoy después de una reunión Parlamentaria".

El hackeo continuó durante más de cuatro horas, en las que los espectadores que estaban viendo en vivo la reunión pudieron divertirse con los funcionarios gubernamentales que recibían confusos mensajes de texto, se quedaban mirando asombrados sus teléfonos y luego iban a consultar con las personas que supuestamente los habían enviado.

Cómo este colectivo de artistas logró obtener los números de los teléfonos celulares de personas importantes, es un misterio, pero decidieron compartir dichos números en una exhibición posterior. Pronto, el presidente y los miembros del Parlamento fueron inundados con llamadas, y todos tuvieron que cambiar sus números.

Otro engaño en son de broma, esta vez sin connotaciones políticas, ocurrió en tres estados diferentes en los Estados Unidos, en el año 2013. Un hacker logró encontrar una "puerta trasera" de acceso al Sistema de Transmisión de Emergencia e insertó un mensaje propio. Mientras se transmitía la programación regular en Montana, Michigan y Nuevo México, fue súbitamente interrumpida por el familiar zumbido electrónico que cada espectador estadounidense sabe que precede a un mensaje importante. En lugar de una advertencia de tornado o inundación, escucharon una calmada voz como de locutor, que dijo lo siguiente: "Las autoridades civiles en su área han reportado que los cuerpos de los muertos están saliendo de sus tumbas y atacando a los vivos. Siga los mensajes en pantalla que serán actualizados a medida que haya más información disponible. No intente aproximarse o detener a estos cadáveres, ya que se consideran extremadamente peligrosos". El anuncio estaba acompañado por los familiares mensajes escritos desplazándose en pantalla, que vienen con las transmisiones reales del Sistema de Transmisión de Emergencia.

El perpetrador fue encontrado y arrestado más tarde, y si bien es dudoso que alguien en realidad haya creído el falso anuncio, interferir con el Sistema de Transmisión de Emergencia es un crimen serio. Para evitar más hackeos, las estaciones tuvieron que desconectarse del sistema durante un tiempo, lo que significó que las advertencias de emergencias reales no habrían podido transmitirse.

Un anuncio diferente, que la gente se tomó muy en serio, ocurrió en Bulgaria en 1991, cuando un episodio del popular programa de parodias *Ku-Ku* tuvo muchas más consecuencias que las esperadas. El programa, cuyo nombre imita el sonido de un ave y es también jerga para referirse a una persona loca, hizo muchos documentales en broma a lo largo de su existencia, pero uno en particular se salió de control. El 22 de diciembre de 1991, emitió un falso documental sobre un supuesto incendio y catástrofe en la planta nuclear de Kozloduy, que era exactamente lo que muchos búlgaros temían, pues Kozloduy era un modelo antiguo de reactor soviético, con un mal récord de seguridad. Unos años más tarde, en 1995, un documento del Departamento de Energía de los Estados Unidos incluyó a Kozloduy como una de las 10 plantas nucleares más peligrosas en el mundo. Bulgaria apenas se acababa de liberar de los grilletes comunistas, y uno de los primeros movimientos de protesta que se puso en marcha fue un movimiento ambiental para limpiar los ríos contaminados de Bulgaria y cerrar la envejecida planta nuclear.

Eran tales los temores de una catástrofe nuclear real, que cualquiera que sintonizara en ese momento el canal, sin darse cuenta de que el programa *Ku-Ku* estaba al aire, podría suponer con razón que se trataba de un noticiero real. Incluso aquellos que sí habían sintonizado el programa cayeron en el engaño gracias al excelente nivel de producción, y supusieron que el programa había sido interrumpido por un boletín informativo. Una vez que se restauró la calma, hubo una reacción violenta por parte del público y muchas personas, incluido el presidente de la Asamblea Nacional búlgara, pidieron que *Ku-Ku* fuera sacado del aire. No obstante, los productores del programa continuaron sin disculparse, alegando que era necesario que se transmitieran opiniones alternativas, y que el programa demostraba la capacidad de la televisión para manipular a las personas. *Ku-Ku* continuó transmitiéndose hasta 1995 y entró a la historia como la versión televisiva búlgara de la notoria radiotransmisión de Orson Wells, *Guerra de los mundos*.

La planta de energía nuclear de Kozloduy continúa en funcionamiento hoy en día, si bien como parte del trato de Bulgaria para entrar a la Unión Europea se clausuraron dos de los reactores más antiguos, y los otros dos fueron sometidos a extensas mejoras de seguridad. Los reactores activos producen cerca de una cuarta parte de la electricidad de la nación.

Invadiendo el estudio

Para aquellos que quieren interferir con la programación regular pero carecen de la experticia técnica de los videopiratas mencionados anteriormente, siempre ha existido la opción de irrumpir en el estudio y saltar frente a las cámaras.

Eso es exactamente lo que hicieron tres activistas homosexuales en CBS el 22 de enero de 1991, durante la Operación Tormenta del Desierto. Tres miembros de ACT UP (*AIDS Coalition to Unleash Power* – "Coalición del SIDA para desatar el poder") lograron ingresar al estudio central de CBS mientras Dan Rather leía las noticias, y una vez que se pararon ante las cámaras, corearon: "¡El SIDA es una noticia. Peleen contra el SIDA, no los árabes! Rather pidió a los ingenieros que fueran inmediatamente a comerciales, pero al no poder encontrar un comercial lo suficientemente rápido, simplemente salieron del aire durante algunos segundos hasta que se restauró el orden. Cuando Rather apareció de nuevo en cámara, pidió disculpas por la "gente grosera" que interrumpió el programa, y prosiguió con el reporte de las noticias.

Un incidente similar le ocurrió a PBS durante el programa "*MacNeil/Lehrer Newshour*". Siete manifestantes irrumpieron en el estudio coreando y con letreros que decían "Luchen contra el SIDA, no Irak". Algunos se encadenaron al escritorio de Robert MacNeil, y uno incluso intentó encadenarse al propio MacNeil. Lo que los manifestantes no sabían era que las cámaras estaban enfocadas en el copresentador Jim Lehrer, quien reportaba desde Washington, por lo que nunca fueron vistos al aire.

La ACT UP fue famosa a finales de la década de 1980 y comienzos de la de 1990 por su acción directa para atraer atención hacia la crisis del SIDA, que estaba matando a miles de hombres homosexuales al año. En ese entonces, el SIDA era aún visto generalmente como una enfermedad que afectaba principalmente a los gais, ya que todavía no se había diseminado seriamente en la población general, y debido a esto, había poca financiación gubernamental. Siendo así, muchos en la comunidad gay sentían como si los estuvieran dejando morir por su sexualidad, y las protestas en CBS y PBS fueron parte de un "Día de Desesperación", que también vio otras protestas más convencionales.

Esta no fue la primera protesta de ese tipo por parte de la comunidad LGBT. En el Reino Unido, cuatro activistas lesbianas invadieron el estudio de noticias de la BBC el 23 de mayo de 1988, para protestar por una nueva ley que limitaba los derechos LGBT. La Sección 28, como era llamada la ley, dictaba que las autoridades locales "no promoverán intencionalmente la homosexualidad ni publicarán material con la intención de promocionar la homosexualidad", y que las autoridades locales no promoverían "la enseñanza en cualquier escuela mantenida, de la aceptabilidad de la homosexualidad como una relación familiar pretendida". A las activistas les preocupaba especialmente que la ley quisiera asegurar que los jóvenes en las escuelas no tuvieran acceso a materiales educativos acerca del estilo de vida LGBT. De hecho, la ley fue una reacción a materiales de ese tipo que estaban apareciendo en algunas aulas.

Justo cuando comenzaron las noticias de las 6:00, una voz femenina fuera de cámara gritó repetidamente: "¡Detengan la Sección 28! Una manifestante se esposó a los cables de una cámara, mientras otra fue detrás del escritorio de los presentadores y salió al aire. Durante la mayor parte de la invasión al estudio, la BBC transmitió clips de noticias mientras el presentador hablaba en voz alta, tratando de ahogar la protesta, pero las lesbianas continuaron gritando en el fondo. También se escuchó un forcejeo cuando una de las manifestantes fue derribada, y un presentador de noticias contuvo bruscamente a una segunda colocando una mano sobre su boca y sentándosele encima. Luego se disculparía, diciendo que había usado demasiada fuerza. Finalmente, la mujeres fueron llevadas a la estación local de policía, donde fueron retenidas por un corto tiempo antes de ser liberadas sin cargos.

El incidente fue la culminación de protestas a nivel nacional en contra de la Sección 28, que la comunidad LGBT sintió que fueron poco cubiertas por los medios, pero la ley fue aprobada a pesar de sus esfuerzos. La Sección 28 fue finalmente derogada en Escocia en el 2000 y en el resto del Reino Unido en el 2003.

Si bien los manifestantes LGBT fueron enérgicos, no fueron violentos, lo cual no fue el caso durante la invasión de un estudio en Grecia en abril de 2012. En dicho incidente, diecisiete intrusos enmascarados arrojaron huevos y yogurt al presentador Panagotis Vourhas, del canal de TV "Epiros", mientras se encontraba al aire entrevistando a un político local. Esto se hizo en protesta a la entrevista que le hiciera Vourhas en un programa anterior a un miembro del partido Amanecer Dorado, conocido por sus puntos de vista de derecha y su fuerte posición en contra de la inmigración. El grupo ha causado controversia en Grecia y en toda Europa, pero en ese tiempo apenas comenzaba a tener popularidad, encaminado a convertirse en un partido viable de oposición.

La entrevista iba según lo planeado cuando, sin advertencia, del lado derecho del marco salió volando un spray de yogurt que atravesó el espacio frente a la cámara y salpicó a Vourhas, seguido rápidamente de algunos huevos. El político entrevistado corrió rápidamente fuera del set, pero el presentador se puso estoicamente de pie y se volvió de espalda cuando más huevos y yogurt volaron hacia él mientras los manifestantes, que nunca se vieron en cámara, coreaban eslóganes antifascistas. Vourhas pareció más preocupado por proteger su laptop que por salvar su traje, que proto estuvo cubierto. El ataque duró un minuto entero, durante el cual el presentador se mantuvo de espaldas y se limpió cada vez que un nuevo desastre caía sobre él.

Grecia ha estado en crisis en años recientes debido a una crisis económica paralizante, enormes deudas del gobierno y una creciente radicalización en los márgenes políticos. Las medidas gubernamentales de austeridad impuestas sobre la demanda de sus acreedores han demostrado ser muy impopulares. Los ciudadanos promedio han visto recortados sus salarios y pensiones, y sus beneficios desaparecer. En enero de 2019, un grupo de maestros sustitutos protestó afuera del Parlamento exigiendo trabajos a tiempo completo. Como sustitutos, no recibían casi beneficios, y tenían problemas para llegar a fin de mes, ya que sus horas de trabajo nunca eran regulares.

Un grupo de maestros sustitutos decidió llevar su protesta un paso más adelante al irrumpir en el canal estatal, ERT, durante el noticiero de las 9:00. Se oyeron brevemente fuera de cámara antes de que el canal cambiara a comerciales, el clima y una noticia pregrabada. Nunca se oyó a los manifestantes en el aire, pero subieron su propio video de teléfono celular, que los mostraba marchando por todo el estudio coreando: "Gente, no bajen sus cabezas: la única manera es la resistencia y la lucha".

El referéndum en Reino Unido sobre el Brexit también ha provocado protestas generalizadas, con aquellos que quieren permanecer en la Unión Europea –generalmente llamados *remainders*– reuniéndose en grandes números en Londres y otras ciudades. Al igual que los maestros griegos, algunos de ellos decidieron llevar su protesta al aire a invadir una transmisión en vivo del Canal 4 desde Westminster.

La protesta fuera de la sede del gobierno se estaba desarrollando normalmente, con personas coreando y levantando carteles. Entonces, algunos manifestantes irrumpieron en el área de los medios fuera del Parlamento. Se suponía que los manifestantes se reunirían en la cercana Plaza Trafalgar, pero esa concentración se había cancelado porque la policía la prohibió, citando una falta de oficiales suficientes. Los manifestantes subieron a la base de la plataforma desde donde hablaba el presentador del Canal 4, John Snow, quien cambió su reportaje planificado para cubrir lo que estaba sucediendo detrás de él.

Tales protestas pueden ser increíblemente efectivas, pues el drama de una transmisión en vivo interrumpida atrae la atención de los televidentes y es buen material para los titulares del día siguiente, informando así a aquellos que no vieron la protesta original. Si bien las personas que ya están en contra de los que dicen los manifestantes se disgustarán aún más por su comportamiento ilegal, los indecisos se verían obligados a pensar sobre un asunto que de otra forma quizás no habrían considerado.

Por supuesto, también puede ser una inspiración. Una de las lesbianas que protestaron en la BBC dijo que después le agradecieron muchos jóvenes que, si bien todavía no profesaban abiertamente su sexualidad, vieron la protesta en la televisión y se sintieron inspirados al saber que había alguien allí afuera luchando por sus derechos.

La TV y la guerra

Algunas veces, las intrusiones en señales de transmisión pueden ser una herramienta de política estatal en tiempos de conflicto, y no es sorpresa que la televisión haya sido usada como una herramienta de propaganda en tiempos de guerra desde sus inicios. Para la década de 1930, había estaciones experimentales transmitiendo a pequeñas audiencias en los Estados Unidos, el Reino Unido y la Alemania nazi. La única cadena de televisión en el Reino Unido era la BBC, propiedad del gobierno, que suspendió sus operaciones de televisión durante la guerra para concentrar sus esfuerzos en sus radiotransmisiones, mucho más útiles.

Cuando comenzó la Segunda Guerra Mundial, en 1939, había solo una estación en los Estados Unidos transmitiendo programación regular: la W2XBS en Nueva York, propiedad de la RCA. Había iniciado sus transmisiones en la Feria Mundial de Nueva York, al cubrir la exhibición y un discurso del presidente Roosevelt. La emisión desde la Feria Mundial era una estrategia de mercadeo, y los televisores salieron a la venta por primera vez en los grandes almacenes de Nueva york. Despertaron gran interés, pero la audiencia continuó siendo pequeña.

La televisión creció lentamente en los Estados Unidos durante la guerra. Los televisores eran costosos, pocas estaciones salieron al aire, y muchos estadounidenses padecían la escasez de tiempos de guerra. Aun así, para quienes los tenían, la televisión ofrecía una nueva manera de consumir las noticias, y los productores de la televisión estadounidense se esforzaban por proporcionar a sus audiencias todas las noticias de guerra posibles, incluidos reportajes en vivo, algo que no era posible en los noticiarios cinematográficos, o *newsreels*, familiares para quienes iban al cine.

La W2XBS de hecho había comenzado en 1928 como una de las estaciones experimentales. Era operada por la NBC, que a su vez había comenzado a existir dos años antes como una red de radio, pero con el tiempo se convirtió en la WNBC y aún opera desde Nueva York, lo que la hace la estación de televisión de operación continua más antigua del mundo. Durante la guerra, su programación era limitada, ya que muchos técnicos dejaron la estación para unirse al esfuerzo de la guerra, pero las transmisiones continuaron, e incluían muchos programas instructivos sobre entrenamiento de defensa civil. El 28 de mayo de 1945, la estación instaló sus cámaras sobre el Hotel Astor en Times Square, para filmar las grandes multitudes que celebraban el fin de la guerra en Europa. Presentó una cobertura similar cuando Japón se rindió.

Fotografías de la década de 1930, del estudio y cobertura de la WNBC

Lo que no es generalmente conocido es que la Alemania nazi tenía la cobertura televisiva más extensa y avanzada de cualquier nación durante la guerra. Las transmisiones comenzaron en Berlín en 1935, dos años después de que Hitler llegara al poder, y luego se expandió a otras ciudades. Esas fueron las primeras transmisiones de televisión programadas regularmente del mundo, con programación seis días a la semana. Los nazis –y los alemanes en general– estaban cautivados con todo lo tecnológico, y el Partido Nazi rápidamente vio el potencial propagandístico del nuevo medio.

Para este tiempo, pocos aparatos de televisión eran de propiedad privada. Debido a que el esfuerzo de guerra usaba todos los materiales y que el bloqueo de los Aliados detuvo las importaciones, tener un televisor era simplemente imposible para todos, excepto los individuos más adinerados y los miembros de alto rango del Partido Nazi. En su lugar, el gobierno estableció "salones de televisión" comunales en ciudades y pueblos, donde un único aparato podía entretener a una gran audiencia. La calidad de la imagen era la mejor en el mundo en ese momento, y mejoró gradualmente a lo largo de los años siguientes.

La estación de televisión salía al aire con un anunciador diciendo: *"Heil Hitler"*, y luego haciendo el saludo nazi. La programación estaba cargada de propaganda, con entretenimiento más ligero para atraer a las multitudes. Un listado de programación de 1939 muestra que la solitaria estación gubernamental transmitía de 8:00 a 10:00 p.m. todos los días, excepto los domingos. Estos cortos tiempos de transmisión eran comunes en los primeros años de la televisión. Los primeros 20-30 minutos estaban dedicados a las noticias, seguidas de clips de noticieros, deportes y música. Incluso había un programa de 45 minutos titulado "Etiqueta para los enamorados: consejos estacionales para los enamorados, o los que quieren estarlo".

Equipos de personal de televisión cubrieron una serie de eventos, incluidos los Juegos Olímpicos de verano de 1936 en Berlín, donde camiones con cámaras en la parte superior alimentaban la película en maquinaria de revelado automático dentro del camión, que se transmitía con solo un minuto de retraso. Este fue el primer gran evento de la televisión nazi, y atrajo a aproximadamente 160.000 visitantes a los salones de televisión.

Dado que el equipo de televisión era voluminoso e incómodo, y había menos edición de la que había en filmes propagandísticos, el material filmado que sobrevivió ofrece revelaciones interesantes sobre eventos importantes, como los congresos de Nuremberg. Largas tomas permitían a los televidentes estudiar a Hitler y su círculo de funcionarios, así como también las reacciones de la multitud. Algunas veces, los valores de producción son pobres debido a que las engorrosas cámaras no podían seguir el paso de la acción o eran mal ubicadas en favor de las cámaras cinematográficas. En una escena, Hitler se detiene para tomar un buqué de flores que le ofrecía una niña, pero el rostro del Führer está tapado por un cable telefónico atravesado frente a la cámara del techo. La niña no es visible detrás de su madre. El ministro para la Ilustración Pública y Propaganda del Tercer Reich, Joseph Goebbels, tenía grandes esperanzas para el nuevo medio, pero cuando se vio a sí mismo en TV por primera vez, se quejó de que lucía terrible.

Una foto de 1934 que muestra a Hitler felicitando a Leni Riefenstahl, directora de la película propagandística nazi *Triumph des Willens* (Triunfo de la Voluntad), que utilizó imágenes del Congreso de Nuremberg de 1934

Fotografías del Congreso

La propaganda se entretejió con la mayor parte de la programación. Al presentar una selección de música, el maestro de ceremonias, un hombre mayor con una sonrisa petulante, dice a la audiencia: "Volvamos a la música. Estoy muy feliz de que todo sea tan armonioso hoy. Cierto, todavía hay bastantes notas agrias y gente que canta fuera de tono, y quizá incluso algunos que quisieran marchar a una tonada diferente, al ritmo central. Por ejemplo estos llamados músicos de intercambio extranjero. No nos andamos por las ramas con ellos, ¿cierto? Son enviados a campamentos de concierto para continuar su educación y allí se les enseña a cantar por su cena. Y allí se quedan hasta que hayan aprendido a cambiar su tonada y a seguir la corriente".

Inevitablemente, la programación propagandística se expandió durante la guerra, especialmente desde el frente doméstico, y se transmitían espectáculos en vivo para los soldados a la audiencia civil. Los nazis añadieron una estación en la París ocupada, a través de un transmisor en la parte superior de la Torre Eiffel, convirtiéndola en la estación más grande del mundo en ese momento.

La televisión en Alemania desapareció en el otoño de 1944, cuando la guerra dio un vuelco y la nación fue bombardeada sistemáticamente. Uno de los últimos programas fue un documental sobre soldados gravemente heridos, y en él, se muestra a la audiencia un grupo de hombres con una sola pierna que compiten en una carrera de obstáculos, y un especial acerca de cómo los veteranos estaban siendo equipados con extremidades prostéticas. En una escena deprimente, unas mujeres van a un centro de rehabilitación para bailar con los hombres. Un exsoldado, quien obviamente leía de un libreto, dice cómo ahora puede recomenzar su vida, ya que puede ponerse de pie nuevamente. Su tono es menos que convincente. Los hombres luego se movieron un poco dificultosamente por la pista de baile con las damas, al son de una triste música. El programa sirvió como un potente símbolo para la nación en su conjunto, y los espectadores modernos, con el beneficio de la retrospectiva, pueden preguntarse si los productores lo hicieron como una especie de protesta sutil.

Si bien los esfuerzos propagandísticos bastante descuidados de la televisión nazi pueden excusarse debido a que sus reporteros y camarógrafos fueron innovadores en una tecnología nueva, no se puede hacer tal excusa para la deplorablemente mala maquinaria de propaganda iraquí durante la invasión de Irak en 2003. Los propagandistas iraquíes intentaron alimentar a la gente una dieta constante de mentiras sobre cómo iba la guerra. Los iraquíes que podían costear radios de onda corta o televisión satelital se mantenían al tanto de lo que estaba ocurriéndole a su país a través de transmisiones extranjeras, y solo unos pocos de los más leales seguidores creían lo que transmitía el canal de noticias del estado.

Los iraquíes tenían pocas razones para sonreír, pero el resto del mundo se divertía bastante con la torpe fanfarronería del partido Ba'ath en la televisión. A la cabeza de la campaña de propaganda estaba el ministro de Información, Mohammed Saeed al-Sahhaf, un miembro del círculo interno de Saddam Hussein. A pesar de ser chiita en un gobierno mayoritariamente sunita, tuvo una carrera estelar, sirviendo como embajador en varias naciones y como ministro del exterior antes de ser cambiado al rol de ministro de información en 2001. Él era la calma voz de la victoria para una nación que estaba segura de perder. En una conferencia de prensa justo antes de que las fuerzas invasoras cruzaran la frontera, aseguró a los oyentes: "Estoy seguro de que son estúpidos y que nunca tendrán éxito. Pero al mismo tiempo este es un buen testimonio, esta es una buena prueba de que son criminales, y son asesinos, y que creen en asesinatos. Así que yo creo que deberían ser condenados. Son estúpidos y están condenados".

Al-Sahhaf daba informes diarios durante la invasión de Irak, que contenían reportes del campo de batalla y que a menudo estaban en marcado contraste con lo que estaban reportando las fuerzas enemigas, y lo que estaban grabando las cámaras de las noticias. Él llamaba a los invasores "insectos chupasangre" y decía cómo el victorioso ejército iraquí los estaba matando por miles. "¿Conmoción y pavor? —dijo de la estrategia enemiga—. Parece que somos el asombro en ellos. Están sufriendo por la conmoción y pavor, ¿okey?". En otra entrevista, dijo: "Los derrotaremos. Lucharemos contra ellos hasta que limpiemos a nuestro país de sus muertes".

Los televidentes pronto lo apodaron "Bob de Bagdad" o "el Cómico Alí". Poco después, su rostro estaba en camisetas, tazas de café, e incluso en figuras de acción.

A medida que la soga se apretaba en torno al régimen, sus alegatos se volvieron cada vez más elaborados. Uno de estos era que las tropas estadounidenses, desesperadas por conseguir alguna victoria, estaban suicidándose por cientos. También reportó que los estadounidenses no habían tomado el aeropuerto de Bagdad, incluso mientras CNN lo mostraba en una pantalla dividida junto a un equipo de cámara que seguía a las tropas estadounidenses cuando ingresaban al aeropuerto de Bagdad.

Mientras *Sky News* reportaba desde el centro de Bagdad que las tropas de la coalición acababan de tomar uno de los palacios de Saddam junto al río Tigris, Al-Sahhaf hablaba calmadamente con los reporteros desde otra parte de la ciudad, diciendo que el ejército iraquí había asesinado a tres cuartas partes de los invasores y estaban acabando con el resto. Cuando se le preguntó sobre los informes de que los soldados enemigos estaban entrando al centro de la ciudad, replicó: "Están realmente enfermos en sus mentes (…) Se los digo que eso no es cierto".

Al-Sahhaf era una verdadera maravilla, digna de ver. En una era de noticias falsas y políticos ingeniosos que se movían con la brisa, era inquebrantable. Insistía en que lo que decía era cierto, a pesar de que toda la evidencia decía lo contrario, y nunca perdió la calma. Presentaba las más asombrosas mentiras con un comportamiento tranquilo, hasta con algo de gracia, y su fraseología incómoda solo le añadía a su atractivo. El mismo presidente George W. Bush era un admirador, y lo calificó de "grandioso". Bush agregó: "Alguien nos acusó de contratarlo y colocarlo ahí. Él era un clásico". Bush incluso admitió que algunas veces detenía las reuniones para escuchar las sesiones de prensa de Al-Sahhaf.

En otra conferencia de prensa, Al-Sahhaf negó la afirmación enemiga de que sus tanques habían entrado a Bagdad, incluso cuando se podía oír el combate en el fondo. Tras la caída de Bagdad, fue retenido brevemente y luego dejado ir. No fue juzgado por ningún crimen de guerra, y su paradero actual no está claro.

El gran error de la maquinaria de propaganda iraquí fue que no recibió (y no estuvo dispuesta a recibir) comentarios o críticas de su audiencia. No hay evidencia de que el personal de la televisión nacional iraquí haya solicitado alguna vez al público en general sus comentarios sobre la programación, e incluso si lo hubiera hecho, los iraquíes de a pie estaban demasiado aterrorizados por el gobierno para responder honestamente. Por consiguiente, Saddam Hussein y sus funcionarios se convirtieron en víctimas de su propia propaganda, al pensar que su ejército era mucho más fuerte y leal de lo que realmente era. A pesar de se le dieron numerosas oportunidades para dar marcha atrás, el gobierno iraquí decidió luchar, con consecuencias fatales.

Irónicamente, algunas de las declaraciones de Al-Sahhaf luego se hicieron realidad. En una entrevista, dijo: "El sinvergüenza de Rumsfeld dijo ayer que están buscando armas de destrucción masiva en Bagdad y Tikrit, y ayer respondí a esa mentira barata. Les aseguro que esos villanos reconocerán, descubrirán en el momento apropiado en el futuro cuán estúpidos son y cómo están fingiendo cosas que nunca han tenido lugar". Como es ahora ampliamente conocido, no se encontraron armas de destrucción masiva en el país.

También predijo que habría una obstinada resistencia a la ocupación, y que esta afectaría principalmente a las tropas en tránsito: "Estamos en nuestro propio país, entre nuestros parientes y amigos (…) ¡Las fuerzas vacilantes de los infieles no pueden simplemente entrar a un país de veintiséis millones de personas y asediarlas! Serán ellos quienes se encuentren bajo asedio. ¿Acaso no se encontrarán bajo el asedio de la gente del campo que tienen que atravesar para llegar a Bagdad? Los civiles estarán ocupados. Las bases populares del Partido Ba'ath estarán ocupadas atacándolos. La simple realidad es esta: son extranjeros dentro de un país que los ha rechazado. Por ende, a estos extranjeros, dondequiera que vayan o viajen, les lloverán balas de todos lados.

Incluso su fanfarronada de que cientos de tropas estadounidenses se estaban suicidando resultó ser cierta a largo plazo. El Departamento de Asuntos de los Veteranos reportó que en 2010, los veteranos se suicidaron a razón de 22 por día. Eso resultó en más de 8.000 en el transcurso del año.

En retrospectiva, "Alí el cómico" ya no parece tan cómico.

En tiempos de guerra es siempre una meta interceptar y socavar las comunicaciones enemigas y subvertir la propaganda, y en el siglo XXI, estados avanzados han dominado tales técnicas. Durante su invasión de Líbano en 2006, Israel interrumpió la estación de televisión satelital al-Manar ("el Faro"), portavoz del grupo militante Hezbolá, que controlaba gran parte del sur del país. Al-Manar tiene una audiencia estimada de 15 millones de personas en todo el mundo y es una estación popular en el Líbano.

Los técnicos militares israelíes pudieron interceptar la transmisión y reemplazarla con la suya. Su primer "programa" fue mostrar varias bases de Hezbolá y plataformas de lanzamiento de cohetes que los israelíes habían afirmado haber destruido. Luego, emitieron un dibujo del líder de Hezbolá, el jeque Hassan Nasrallah con puntos de mira superpuestos sobre su rostro y las palabras: "Su día se acerca, se acerca, se acerca". Luego se oyeron tres disparos.

La intrusión de señal de transmisión continuó con imágenes de Nasrallah dando un discurso en el que una voz en off, presumiblemente no la suya, dijo: "No cabe duda de que esta es la fuerza aérea más fuerte en el área. Y no podemos hacerle frente". La escena luego mostró bombarderos israelíes atacando objetivos en el Líbano, con una voz en off que dijo: "Nasrallah sabe la verdad, pero él continúa, como es su manera, arrastrando al Líbano a la destrucción, arrojándoles arena en los ojos".

El líder de Hezbolá, Hassan Nasrallah

A esto seguirían más intrusiones. Los funcionarios en la estación admitieron que su señal fue interrumpida por lo menos diez veces. Algunas de ellas, fue solo para crear estática, pero otras veces los israelíes se apoderaron de la señal. Una de tales escenas mostró un cadáver, con una voz que decía: "Este es el cuerpo de uno de los miembros de las Fuerzas Especiales de Hezbolá. Hassan Nasrallah miente. No somos nosotros quienes escondemos las cifras reales de nuestros muertos". Otra escena mostró varios cadáveres con una leyenda que decía: "Esto son los cadáveres de Fuerzas Especiales de Hezbolá. Muchos más cuerpos están diseminados por doquier. Nasrallah les oculta estos hechos".

Se convirtió en un juego de gato y ratón, con los técnicos de la estación cambiando frecuencias de enlace y tomando otras medidas para evitar la interferencia, pero los israelíes tenían más recursos y encontrarían una manera de hackear el canal, lo que obligaría al equipo de al-Manar a idear algo nuevo para detenerlos. Finalmente, el jeque Nasrallah abordó directamente el problema, diciendo: "Ellos no quieren que su gente y nuestra propia gente vean la magnitud de las pérdidas humanas, materiales y morales que sufrieron en esta guerra. Esto es parte de la guerra psicológica empleada por el enemigo. Estos son hechos que el enemigo no puede ocultar de su pueblo o de nosotros, o del mundo entero por mucho tiempo".

Los efectos de estas interrupciones pueden ser difíciles de medir. Es poco probable que los espectadores del canal de televisión de Hezbolá hayan sido influenciados por la propaganda israelí, si bien el mero hecho de que su estación hubiera sido interrumpida debe haber sido inquietante. Hacía énfasis en el hecho de que estaban luchando con un enemigo con muchos más recursos y conocimiento técnico. Como dijo un ex alto funcionario de la Fuerza de Defensa de Israel al *New York Sun*: "Si pudieras destruir a Al-Manar, que todos sabemos es una plataforma para destruir el orden psicológico, es una cosa, pero mejor que destruirlo es usarlo en su contra".

Esta no era la primera vez que las FDI usaban la televisión como arma. Durante operaciones en Cisjordania en 2002, las FDI tomaron tres estaciones de televisión en la ciudad de Ramallah y transmitieron fragmentos de películas pornográficas. La sociedad palestina es muy conservadora, por lo que tales filmes se consideran tabú. Las estaciones también transmitieron imágenes de la Segunda Intifada en curso, con las palabras "terrorismo ideal" escritas en letras rojas en la pantalla. Los voceros de las FDI dijeron que no eran responsables de las películas porno transmitidas y culparon al líder palestino, Yasser Arafat, de tratar de hacer lucir mal a las FDI, pero dado que las fuerzas israelíes habían ocupado las estaciones y lo habían admitido, para muchos era comprensiblemente difícil creerlo.

Quizás no sorprenda que esa no fue la primera ni la última vez que se emitió material pornográfico en lugar de la programación regular. Técnicos que disfrutaban de un poco de erotismo visual en el estudio han, en más de una ocasión, transmitido accidentalmente una película para adultos en lugar del programa de debía ir al aire. Esto ha sucedido en la BBC, CNN, el Canal Disney, la televisión estatal sueca, y muchas otras emisoras. Ha incluso sucedido en países musulmanes como Líbano e Irán.

Por lo general, la persona responsable se percata del error y saca rápidamente del aire el material ofensivo, pero en 2016, CNN transmitió una película porno durante 30 minutos completos. El canal debía estar transmitiendo el programa de viajes y comida *Anthony Bourdain: Parts Unknown*, pero en cambio mostró un video de media hora de un filme para adultos. La interrupción fue visible solo para los televidentes en el área de Boston, pero en realidad no fue culpa de CNN, pues alguien en la oficina local del proveedor de televisión digital por cable RCN había confundido las cintas.

Un incidente similar, más corto pero visto por muchas más personas ocurrió durante el Súper Tazón XLIII en 2009. Alguien en Cox Cable, una compañía que presta servicios en Tucson,

Arizona, reemplazó 37 segundos de imágenes de fútbol americano con una película llamada *Cerezas Salvajes 5*. Tras una investigación del FBI, el supervisor de Cox Cable, Frank Tanori Gonzalez fue arrestado. Se declaró culpable a cambio de tres años de libertad condicional y una multa de $1.000. El crimen era un delito grave, pero como parte del acuerdo de culpabilidad, si Gonzalez cumplía su libertad condicional completa y sin incidentes, el crimen sería reducido a un delito menor.

Otro incidente similar ocurrió en Canadá, cuando un programa matutino de noticias en Hamilton, Ontario, fue interrumpido durante tres minutos completos por sexo duro gay. El programa matutino de la CHCH TV *"News Now"* procedió como de costumbre cuando ocurrió el inesperado cambio en la programación, lo que llevó a algunos televidentes a quejarse ante los reguladores. CHCH TV se disculpó, diciendo que fue una confusión de canales. Su compañía matriz, Channel Zero, también tiene canales para adultos, pero Channel Zero dijo que sus ingenieros no tenían la culpa. Más tarde se descubrió que fue un accidente por parte de un operador de Shaw Cable que estaba arreglando líneas de cable cortadas y empalmó las dos incorrectas por un momento antes de darse cuenta de su error. Todos los involucrados se disculparon profusamente, pero eso no impidió que CHCH TV se convirtiera en *trending topic* en Twitter. Afortunadamente para los involucrados, como casi todas las polémicas de Twitter, todo terminó tan rápidamente como había comenzado, y los usuarios pasaron a enfurecerse por otra cosa.

La batalla tecnológica entre Israel y las organizaciones militantes que quieren destruirlo, no ha sido completamente unilateral. Un día en 2016, los israelíes estaban viendo "Gran Hermano" cuando fueron interrumpidos por un anuncio de Hamas, advirtiéndoles que el "terrorismo nunca terminará". El mensaje estaba en Hebreo y en Árabe. "Aprendan de la historia", advertía una declaración. "Huyan por sus vidas y salgan de nuestro país. Ustedes asesinan mujeres y colegialas a sangre fría".

Las declaraciones se reprodujeron sobre imágenes de ataques terroristas y ataques israelíes en Cisjordania y la Franja de Gaza. Imágenes de hombres armados palestinos disparando contra cafés israelíes eran combinadas con madres judías llorando en funerales. Una caricatura mostraba hombres palestinos apuñalando a soldados israelíes y atropellando personas con automóviles antes de ascender al paraíso. Toda la transmisión tuvo buena calidad de producción y fue a la vez sangrienta y aterradora.

La interferencia duró casi cuatro minutos y fue seguida poco después por cohetes disparados desde la Franja de Gaza hacia territorio israelí. Nadie resultó herido en los ataques —todos los cohetes cayeron en campo abierto— pero fue una clara advertencia de que incluso los estados más avanzados son vulnerables.

Televisión paranormal

La televisión se ha vuelto ubicua en décadas recientes. Las cámaras capturan miles de horas de contenido cada día, y cientos de canales transmiten constantemente vía satélite. Con todo este material filmado, los operadores de cámara a veces captan imágenes que no pueden ser explicadas fácilmente.

Algunas personas creen que los espíritus de los muertos pueden comunicarse mediante los televisores. Psicológicamente, el televisor es un dispositivo extraño, que lleva las imágenes incorpóreas de personas distantes a salas de estar ubicadas muy lejos. Las personas están presentes, pero no están presentes, y para algunos, este estado liminal los hace parecer mucho como fantasmas.

En los primeros días de la televisión, algunas personas juraron que veían rostros fantasmales que los miraban desde la pantalla, pronunciando palabras que no podían escuchar. La mayor parte del tiempo veían lo que los ingenieros de TV llaman "señales fantasma", transmisiones débiles de otros canal de televisión que se filtran a la frecuencia del que se está viendo. También podría ser la señal de una estación distante que está usando el mismo canal, y que alcanza débilmente el televisor. Las señales de TV están en la parte VHF y UHF del espectro electromagnético, y generalmente son solo transmisiones de línea de vista. Cada transmisor, sea una radio o una televisión, emite una onda terrestre y una onda aérea. La onda terrestre solo viaja tan lejos como la línea de vista, mientras que la onda aérea sube al cielo.

Algunas frecuencias, como la radio de onda corta y la banda AM de noche, se reflejan de vuelta a la superficie de la Tierra en ángulo, y llegan cientos o incluso miles de millas más allá del horizonte. La atmósfera de la Tierra cambia constantemente debido a las tormentas solares, la inducción de calor, los enjambres de meteoritos y otros eventos, y en raras ocasiones, la onda del cielo de una señal VHF o UHF puede regresar a la Tierra y ser captada más allá de su área de transmisión. Por lo tanto, un espectador en Nueva York podría ver de repente una cara débil que en realidad proviene de una estación de Chicago superpuesta sobre su programa. El rostro brilla y se desvanece a medida que cambian las condiciones atmosféricas, desapareciendo por completo en poco tiempo. No es sorprendente que algunas personas supersticiosas, que no estaban completamente familiarizadas con el nuevo medio, pensaran que acababan de presenciar un evento paranormal.

Algunas otras imágenes fantasmales en la televisión no pueden ser explicadas tan fácilmente. En un caso de 1953 en Long Island, Estados Unidos, la familia Travers afirmó que eran aterrorizados por el fantasma de una mujer que aparecía periódicamente en su pantalla, avecinándose en el fondo de un programa o en estática. La primera vez que sucedió, Jerome Travers estaba viendo *"Ding Dong School"*, un programa matutino infantil, con sus tres hijos. De pronto, apareció el rostro de una mujer en la pantalla, y los cuatro sorprendidos televidentes escucharon claramente su voz resonante. Al principio, la familia pensó que estaban captando una señal fantasma como las recién descritas, pero para su horror, veían a la mujer aparecer incluso cuando el televisor estaba apagado o desenchufado. Se sentían seguros de que no estaban viendo una imagen fantasmal, sino un fantasma real. Periodistas se interesaron en el caso, pero cuando visitaron la casa, el fantasma no apareció. Los reporteros quedaron poco impresionados, y la historia pronto murió.

Un incidente más espeluznante ocurrió en Minnesota en 1968, cuando una pareja que se encontraba en su sala de estar con el televisor apagado quedaron impactados al ver una mano aparecer desde la oscuridad y empujar hacia afuera desde dentro de la pantalla. Estaban impactados, pero no demasiado sorprendidos. Era el día de Navidad, y la misma cosa había ocurrido exactamente la Navidad anterior. La mujer logró tomar una foto del Segundo evento, que aún puede verse en Internet. Poco más se sabe sobre este caso, aunque algunos afirman que la foto fue falsificada, no hay pruebas definitivas de una cosa o la otra.

El fenómeno de fantasmas que aparecen en la televisión es una extensión de las voces fantasmales que se escuchaban en una invención anterior: la radio. Esta espeluznante ocurrencia es llamada psicofonía, o fenómenos de voz electrónica (EVP por sus siglas en inglés). Fue inventada por un peculiar psicólogo de Letonia, llamado Konstantin Raudive, quien comenzó no con la televisión, sino con grabadoras de cinta regulares ubicadas en habitaciones vacías y radios comunes sintonizadas en estática para captar lo que él creía eran voces del más allá. Raudive realizó numerosas grabaciones de estas voces y escribió sus hallazgos en un libro que se convirtió en un clásico perdurable en los círculos de la parapsicología. Las voces eran débiles, difíciles de distinguir, y dejaban mucho (o todo) a la imaginación. Muchas personas señalaron que las grabadoras podrían estar captando ruido ambiental de afuera de la habitación, y las radios estaban captando señales débiles de estaciones distantes o de frecuencias vecinas.

A pesar de estas objeciones, los EVP se pusieron de moda con los cazadores de fantasmas, y pronto, los "verdaderos creyentes" en todo el mundo estaban sintonizando sus radios entre estaciones con la esperanza de escuchar a los muertos. Se crearon revistas y organizaciones internacionales dedicadas a los EVP, y no pasó mucho tiempo antes de que la gente intentara lo mismo con la televisión.

La comunidad EVP todavía experimenta con la televisión, en un esfuerzo por comunicarse con el otro lado. Algunos en la comunidad han descartado el equipo electrónico tradicional y buscan escuchar mensajes fantasmales en el sonido del canto de las aves, de perros ladrando, e incluso en el chirrido de las bisagras de puertas. Los verdaderos creyentes dicen que cualquier ruido perdido podría incluir voces del más allá.

Los investigadores hoy en día tienden a referirse a las imágenes vistas en dispositivos electrónicos, como televisores y computadoras, como "Transcomunicación Instrumental" (ITC), que se desarrolló como una pseudociencia en la década de 1980. Así como la radio tuvo su Raudine, la televisión tuvo su propio excéntrico cazador de fantasmas, un alemán llamado Klaus

Schreiber, quien usaba un dispositivo que llamaba "Vidicomin" para alentar a los fantasmas a aparecer en su televisor. El proceso consistía en apuntar una cámara de video a la pantalla y conectar un cable de la cámara al televisor, creando así un circuito de retroalimentación. El televisor se encendía, pero sin ninguna antena conectada para evitar señales normales de estaciones de televisión terrenales. El circuito de retroalimentación crea una imagen turbia en la pantalla, en la que aparecen rostros.

Schreiber afirmaba haber contactado los espíritus de muchas personas famosas, incluido Albert Einstein y la actriz Romy Schneider. También afirmó que había hecho contacto con su hija y dos esposas fallecidas. Su hija era una visitante regular en su pantalla y a menudo le presentaba a otros espíritus.

Los videos del trabajo de Schreiber muestran imágenes nubladas en la pantalla que lentamente se resuelven en imágenes más nítidas. La mayoría son imágenes fijas, como si el televisor estuviera captando una fotografía. Otras muestran figuras moviéndose. Las imágenes son lo suficientemente claras como para que no haya duda de que están allí. No se trata de una especie de test de Rorschach compuesto de pixeles de TV, si bien por qué el Más Allá enviaría instantáneas, nadie lo sabe.

Schreiber afirmaba ser un psíquico, capaz de doblar cucharas como el famoso Uri Geller, y sus poderes psíquicos aparentemente sobrevivieron a su muerte en 1988, pues en poco tiempo estaba enviando imágenes de sí mismo a su compañeros investigadores de ITC. Incluso envió a un colega una fotografía de su nueva casa en la otra vida. Schreiber también envía textos con sus imágenes, en los que habla sobre sus viajes junto al Río de la Eternidad, donde toma fotos de los espíritus que conoce y las envía a la Tierra.

Dice que no todas sus fotografías del más allá han llegado a la Tierra. Las imágenes están almacenadas en "el cuanto de la inespacialidad y la atemporalidad", a la espera de algún perceptivo investigador de ITC que las detecte.

Supuestamente, Schreiber no era el único investigador de ITC que visitaba desde el plano espiritual. El investigador sueco Friedrich Jürgenson era un productor de cine que hizo extenso trabajo inicial en el campo de la ITC, pero cayó enfermo en 1987 y supo que estaba muriendo. Cuando estaba a punto de morir, envió un mensaje telepático a Claude Thorlin, otro investigador paranormal, diciendo que le enviaría un mensaje a través de su televisor durante su funeral. Así, en lugar de ir al funeral de su amigo, Thorlin se quedó en casa, mirando la televisión, y logró tomar una fotografía de Jürgenson en la pantalla de la TV. Si bien la foto –o imagen en la pantalla– está un poco borrosa, es claramente él.

La ITC continúa siendo un campo activo entre los parapsicólogos, aunque hay ahora un debate en la comunidad, sobre exactamente qué tipo de entidades están apareciendo. Un grupo muy bien financiado, el Círculo de Estudios de Transcomunicación del Laboratorio Luxemburgo, afirma haber grabado una gran cantidad de contactos. Muchos de ellos no son de fantasmas de humanos fallecidos, sino que parecen venir de otro planeta o dimensión. Estos seres se identifican a sí mismos como pertenecientes a un grupo llamado el *"Timestream"* (corriente de tiempo), que reside en el planeta Marduk. En la Tierra, Marduk era el nombre del rey del panteón de Babilonia. El Timestream por lo general se comunica con la Tierra mediante "El Técnico", quien tiene una voz aguda y robótica, quizás un robot babilónico.

Robots babilónicos ciertamente no son lo que tiene embrujado un televisor en la aldea de Tsento, en el reino himalayo de Bután. Los aldeanos allí creen saber exactamente qué está mal con el televisor: un demonio y dos fantasmas.

El problema comenzó hace varios años, cuando una familia en la aldea escuchó ruidos extraños que venían de su televisor, incluso cuando estaba apagado. Esto era seguido de una racha de mala suerte, problemas económicos, y miembros de la familia que se enfermaban. Algunos incluso murieron. Temiendo que el aparato estuviera maldito, lo vendieron, barato, a otra familia, pero no pasó mucho tiempo antes de que los nuevos propietarios tuvieran los mismos problemas y lo vendieran de nuevo. La tercera familia también sufrió una cadena de sucesos inexplicables, centrados en el televisor.

Ahora completamente alarmados, los aldeanos consultaron con un astrólogo, que se comunicó con los espíritus dentro del televisor. Él descubrió que no solo había un demonio al otro lado de la pantalla, sino el alma inquieta de un hombre malvado y un fantasma que simplemente no quería dejar la Tierra. El astrólogo no pudo exorcizar a los fantasmas, y sugirió que la única forma de que los aldeanos cambiaran su suerte y tuvieran algo de paz, era llevárselo lo más lejos posible. Eso hicieron, y lo llevaron a las profundidades del bosque, donde lo dejaron escondido en una remota cueva.

Eso fue hace veinte años, y el televisor todavía está ahí, atrayendo una hilera continua de visitantes curiosos, la mayoría de ellos excursionistas occidentales. Los lugareños le advierten a la gente que no vaya, diciendo que el área en torno a la cueva está maldita y que cualquiera que se atreva a visitarla se arriesga a volverse loco. Algunos turistas que han sido lo suficientemente valientes para visitar la cueva de noche, han afirmado haber visto destellos en ella, a pesar de que no hay energía eléctrica en kilómetros a la redonda.

Un evento que definitivamente no involucró lo paranormal, tuvo algunas consecuencias trágicas. En la Noche de Brujas de 1992, la BBC transmitió un programa llamado *Ghostwatch*, supuestamente un documental sobre la "casa más embrujada de Gran Bretaña", una típica casa en Norholt, en el noroeste de Londres, donde un poltergeist estaba presuntamente aterrorizando a una familia.

Este fue un primer intento de "reality TV", que usó un estilo de documental y entrevistas con lo que parecía ser una típica familia inglesa. Para añadirle realismo, varios reconocidos presentadores de TV presentaron el programa, y algunos de los "testigos" tenían sus rostros pixelados. Se usó una cámara infrarroja para buscar al fantasma, y se escribió una historia de origen para el poltergeist. "Tuberías", como era conocido, era el espíritu de un hombre muerto que golpeaba las tuberías de agua y algunas veces hasta poseyó a los niños. El programa afirmó que sus investigadores habían estudiado el fenómeno durante diez meses, y que el programa era el resultado de ese trabajo. Los productores le jugaron trucos al público, mostrándoles vistazos fugaces de Tuberías en el fondo que veían los presentadores, que luego desaparecían cuando volvían a reproducir la cinta.

También hubo un elemento "en vivo" que salió terriblemente mal, con los niños siendo poseídos, el fantasma tomando control de las cámaras, y los presentadores de TV despareciendo. En el estudio, donde los presentadores hablaban con los reporteros en la casa embrujada, comenzaron a volar objetos por el aire, hubo chispas y rayos, y las luces se apagaron. El efecto total fue fuerte, pues el público en esa época no estaba acostumbrado a que se confundieran los hechos con la ficción. Si bien muchos dudaron que lo que estaban viendo pudiera ser real, tampoco estaban completamente seguros de que todo fuera inventado.

El efecto, al parecer, fue demasiado fuerte. Miles de personas se quejaron de que el programa había perturbado a sus niños. Un párroco, aunque admitió que sabía que era un engaño, dijo que el programa había despertado poderes oscuros al jugar con el tema.

El programa atrajo once millones de telespectadores. Cuatro de ellos eran miembros de la familia Denham, quienes se sintieron todos intrigados, pero el mayor de los hijos, Martin, entonces de dieciocho años, entró en shock con lo que vio. Se acurrucó en el sofá, fascinado. Después del programa, se obsesionó con los fantasmas, y era todo de lo que hablaba. La casa de los Denham casualmente tenía tuberías ruidosas, y Martin se convenció de que había un poltergeist. Cinco días después de ver *Ghostwatch*, Martin se quitó la vida. Su nota de suicidio decía: "Si hay fantasmas, ahora seré uno y estaré siempre con ustedes como uno".

Como respuesta al suicidio, la Comisión de Normas de Radiodifusión reprendió a la BBC por no dejar en claro que el programa era falso. La BBC se disculpó, pero las disculpas no podían traer de vuelta a Martin.

Incluso hoy, décadas después, muchos británicos todavía recuerdan el programa. El escritor de horror inglés Stephen Volk, a quien se le ocurrió la idea de *Ghostwatch*, recordó en una charla de TEDx cuán innovador había sido el programa, y cuán inesperada había sido la reacción del público. Cuando propuso por primera vez el programa, los ejecutivos de la BBC tuvieron problemas para entender lo que se suponía que era. Este pseudodocumental, filmado en un estilo inexpresivo y que tenía como intención asustar completamente a sus espectadores, no se había intentado nunca en la BBC.

Cuando se transmitió el programa, Volk y muchos de los involucrados en él estaban en una fiesta, cuando llegó un empleado de la BBC, pálido, para informar que las líneas telefónicas estaban colapsadas por reclamos. Al final, la estación recibió 30.000 llamadas enojadas, y el productor recibió una carta de una mujer iracunda que exigía compensación luego de que su esposo perdiera el control de sus intestinos y arruinara sus pantalones. Finalmente, los presentadores que habían "desaparecido" durante el programa tuvieron que aparecer en la televisión infantil, para asegurarles a los niños que se encontraban bien y que todo había sido en juego. El programa no se ha visto desde entonces.

Volk cree que la principal objeción del público era que la BBC había violado su confianza. El uso de presentadores famosos y del estilo documental en un canal bastante serio y conservador hizo que pareciera que la BBC intentaba burlarse del público. Aun así, Volk admitió: "Estoy orgulloso de que desordenara algunas plumas y agitara algunas jaulas". Culminó su charla citando al escritor de horror Ramsey Campbell: "El horror es el negocio de ir a veces demasiado lejos".

El caso *Ghostwatch* demuestra cuán poderosa puede ser la televisión como medio. Cuando miles de personas pueden ser engañadas por un falso documental de fantasmas, una producción más cuidada y moderna puede convertir a héroes en parias y cambiar el voto de una nación. Ciertamente, a pesar de vivir en una era en que muchos están hastiados de los medios de comunicación, la televisión conserva su poder de educar, y engañar.

Recursos en línea

Otros títulos misteriosos por Charles River Editors

Otros títulos de historia popular por Charles River Editors

Otros títulos sobre la televisión en Amazon

Lecturas recomendadas

Anónimo. "Hamas hacks into Israeli TV and threatens: 'Terror will never end'" [Hamas hackca la televisión israelí y amenaza: 'El terror nunca terminará']. http://www.timesofisrael.com/hamas-hacks-israeli-tv-the-terror-will-never-end/ Recuperado el 30 de mayo de 2019.

Anónimo. "A Czech War of the Worlds: Mushroom Cloud Pranksters to Stand Trial" [Una Guerra de los Mundos checa: los bromistas de la nube de hongo serán juzgados], en *Der Spiegel*, 4 de enero de 2008. https://www.spiegel.de/international/zeitgeist/a-czech-war-of-the-worlds-mushroom-cloud-pranksters-to-stand-trial-a-526688.html Recuperado el 28 de mayo de 2019.

Anónimo. *Porn, the New Weapon of Choice* [Pornografía, la nueva arma de elección].

https://www.news24.com/xArchive/Archive/Porn-the-new-weapon-of-choice-20020330 Recuperado el 30 de mayo de 2019.

Bloombecker, Buck. *Computer Crimes* [Delitos informáticos]. Centro Nacional para la Computadora, 1988.

Brunwasser, Matthew. "Closing of nuclear reactors raises strong emotions in Bulgaria" [El cierre de reactores nucleares despierta fuertes emociones en Bulgaria], *International Herald Tribune*, 15 de diciembre de 2006.

Cooper, Robert B. *Television's Pirates: Hiding Behind Your Picture Tube* [Piratas de la televisión: escondiéndose detrás de su 'tubo de imagen']. Far North Cablevision, Ltd.: 2006.

Deprang, Emily. "'Baghdad Bob' and His Ridiculous, True Predictions" ['Bob de Bagdad' y sus ridículas, y verdaderas, predicciones], en *The Atlantic*, 21 de marzo de 2013.

Friedman, Herbert A. *Psychological Operations during the Israel-Lebanon War 2006* [Operaciones psicológicas durante el Conflicto Israel-Líbano de 2006]. https://www.psywar.org/israellebanon.php Recuperado el 30 de mayo de 2019.

Ibroscheva, Elza and Maria Stover. "East Meets West: The Cultural History of Television in Bulgaria" [El Oriente se encuentra con Occidente: La historia cultural de la televisión en Bulgaria] en *Journal of European Television History and Culture*.

Locher, Theo. *Breakthroughs in Technical Spirit Communication* [Avances en la comunicación espiritual técnica]. Continuing Life Research, 1997.

Spiegel TV. *Television Under the Swastika: The History of Nazi Television* [Television bajo la esvástica: La historia de la television nazi]. Documental, 1999.

Von Schilling, James A. "Television During World War II: Homefront Service, Military Success" [La television durante la Segunda Guerra Mundial: Servicio en el ámbito doméstico, éxito militar] en *American Journalism*, Vol. 12 #3, 1995.

Volk, Stephen. "The Ghost That Spooked a Nation: Stephen Volk at TEDxBradfordonAvon" [El fantasma que espantó a una nación: Stephen Volk en TEDxBradfordonAvon] https://www.youtube.com/watch?v=YBqIpjTDlzU Consultado el 6 de junio de 2019.

Woods, Rebecca. "Ghostwatch: The BBC spoof that duped a nation" [Ghostwatch: la parodia de la BBC que engañó a una nación]BBC News, 30 de octubre de 2017. https://www.bbc.com/news/uk-england-41740176 Recuperado el 3 de junio de 2019.

Libros gratuitos por Charles River Editors

Tenemos nuevos títulos disponibles de manera gratuita casi todos los días de la semana. Para ver cuáles de nuestros títulos son actualmente gratuitos, haga clic en este enlace.

Libros con descuento de Charles River Editors

Tenemos todos los días títulos a precios de descuento, tan sólo 99 centavos. Para ver cuáles de nuestros títulos están actualmente a 99 centavos, haga clic en este enlace.

www.ingramcontent.com/pod-product-compliance
Lightning Source LLC
Chambersburg PA
CBHW081937120726
47997CB00010B/3171